AF224267

HISTOIRE

CIVILE ET POLITIQUE

DES

Habitants de la Lune

PAR

CH. PAQUIER

~~~

Prix : 20 cent.

~~~

PARIS

LIBRAIRIE GUÉRARD, DAIREAUX SUCCESSEUR

156, RUE DE RIVOLI, 156

—

1879

HISTOIRE

CIVILE ET POLITIQUE

DES

HABITANTS DE LA LUNE

CHAPITRE PREMIER

On a fait l'histoire des soixante-dix-huit dynasties chinoises, celle du gouvernement de M. Thiers, celle de la Chambre introuvable de 1815 et de la Chambre retrouvée de 1871 ; on fera même celle du Septennat, celle de la troisième présidence, d'une quatrième peut-être encore et enfin d'une foule de choses qui n'en valent pas la peine. Moi, j'ai résolu de raconter ce qui se passa dans la Lune vers l'an de grâce 20870 avant J.-C.

Depuis longtemps, les affaires n'allaient pas mal dans ce pays-là. Le maître avait de la poigne et savait se faire respecter de ses voisins. Aussi les braves Lunois l'avaient-ils en singulière estime.

Mais le moyen de contenter tout les

monde? Les uns disaient : « Il est trop dévot. » Car la dévotion jouait aussi un grand rôle dans ce pays. D'autres, au contraire, se plaignaient qu'il ne le fût pas assez. D'autres, enfin, trouvaient qu'il était là depuis trop longtemps, d'autant plus qu'il avait un fils qui commençait déjà à grandir et menaçait d'enlever pour jamais la place aux prétendants.

Bref, on fit tant et si bien que le pauvre homme en perdit presque la tête. C'était à droite. C'était à gauche. « Sire, par ici ! » « Sire, par là ! » Vous me direz qu'il aurait beaucoup mieux fait de frotter les oreilles à tous ces gens. Hélas ! vous n'avez que trop raison. Mais il paraît que sa longue expérience ne suffisait pas pour le lui faire comprendre. Même il venait d'enduire d'une certaine graisse libérale les rouages de son gouvernement.

Enfin, un beau matin, poussé par les criailleries qui le tympanisaient depuis six mois, il déclara la guerre à la nation sentimentale des Philosophopoëtokrupps, ses voisins.

Comprenez-vous qu'il y en eut plus de dix à s'en frotter les mains ? Que dis-je, plus de dix ? plus de cent, plus de mille, la nation tout entière. Mais il y en eut particulièrement onze.

Ils étaient onze !!! Tous génies de premier ordre !

Ils étaient onze !!! Chacun d'eux aurait pu sauver le pays en danger à lui tout seul.

Ils étaient onze !!! Ah ! quels hommes ! On s'épuiserait à rechercher toutes leurs gloires. Heureusement, un seul mot les résume : ils étaient tous avocats.

Ils étaient donc onze avocats. Leur éloquence foudroyante avait été plus d'une fois fatale... à leurs clients. Ils avaient montré dans toutes les questions un bon sens et une sagacité... rares. Enfin, pour dernier exploit, comme l'ennemi vainqueur était à trente lieues de la capitale, ils sauvèrent la patrie en levant tout à coup une armée à la tête de laquelle ils se précipitèrent... sur le gouvernement qu'ils renversèrent en s'adjugeant un traitement de 500.000 fr.

On fit des caricatures où l'on voyait le souverain déchu emportant ses pénates ailleurs. On fit entendre adroitement que c'était un traître, un vaurien, une canaille. On prouva qu'il s'était rendu par pure lâcheté, surtout qu'il avait eu grand tort de déclarer la guerre, et on annonça qu'on allait tout réparer... en la continuant.

On la continua donc. Les braves Lunois (n'oubliez pas que tout cela se passait dans la Lune l'an 20870 avant J.-C. Il est à souhaiter que maintenant, même les habitants de la Lune soient trop avancés pour en voir de pareilles) ; les braves Lunois donc se battirent avec acharnement. Mais finalement ils furent vaincus, et obligés d'en passer par tout ce que voulurent les Philosophopoëtokrupps ; et quelques-uns se dirent : « Mais il n'avait pas si grand tort de se rendre et de demander la paix. Elle nous aurait coûté dix fois moins cher. »

Pauvres agneaux ! ils n'étaient pas encore à moitié tondus.

On leur dit qu'il fallait nommer une Chambre pour faire la paix, parce que les ennemis leur faisaient encore l'honneur de ne pas considérer les Onze comme un gouvernement suffisant.

La Chambre fut élue et fit la paix. Mais elle fit bien d'autres choses.

Il paraît qu'en ce pays-là, comme chez nous, on voit souvent les gens se mêler de ce qui ne les regarde pas. Par exemple, ce bon peuple s'attendait à ce que sa Chambre, une fois la paix signée, se séparât, en lui demandant quel gouvernement il voulait. Mais elle déclara tout bonnement qu'elle s'en chargeait à elle toute seule, et que cela s'appellerait République provisoirement.

On fut donc provisoirement en République et ce peuple patient supporta cela cinq ans. Quelques-uns regrettaient bien un peu le temps passé. Il paraît que les affaires laissaient passablement à désirer sous tous rapports. Cependant, pour prendre patience, on alla voir les processions.

Il s'en faisait alors de magnifiques, avec des bannières de toutes les couleurs, jaunes, bleues, vertes, blanches, blanches surtout. Ces processions allaient bien loin, bien loin, du côté de certaines montagnes, d'où l'on disait que devait revenir un roi juste, bon, ami du pauvre peuple, orné enfin de toutes les qualités. L'eau en venait déjà à la bouche à pleins bidons.

Et puis, à côté de ces gens dévots, il y en avait d'autres qui leur jetaient des pierres. Mais alors cela ne faisait plus rire, et, comme réflexion définitive, on se disait que sous le souverain déchu, on n'était ni si blanc, ni si rouge impunément.

Mais je vois que vous avez hâte de savoir comment tout cela finit. Eh bien, voici. La Chambre fit appel... vous allez croire que c'est au peuple : non ; elle fit appel à son patriotisme, à ses lumières, à sa longue expérience, toutes choses dont personne ne doutait, excepté ceux qui y étaient intéressés ; et elle accoucha, au milieu de cris épouvantables, d'une constitution.

Ah ! voilà que vous vous récriez. Vous appréhendez que cet enfant ne soit inscrit sur les registres : « Père inconnu. » Mais, bah ! il y sera en si bonne compagnie !

Eh bien, oui, un beau jour, c'était le 25 février 20875, les Lunois apprirent, à leur grande stupéfaction, qu'il leur était né une constitution.

Pour le coup, il y en eut un certain nombre qui se dégoûtèrent, mais complétement, toujours en pensant au souverain déchu. C'est qu'il avait cela de bon, lui, de ne rien faire sans consulter la nation. « Voulez-vous que je vous gouverne ? » — « Oui. » — « Voulez-vous cette constitution-là ? » — « Non. » — « Alors vous voulez celle-ci ? » — « Oui. »

La Chambre se dit que ces procédés-là étaient vieillis, que le peuple ne sait pas ce qu'il veut et qu'elle s'entendait bien mieux que lui à régler ses affaires.

L'histoire ne dit pas au juste combien dura ce douloureux enfantement. Vous savez que c'est très-pénible quand trop de gens s'en mêlent. Il y eut des gémissements, des cris, des injures même. Cependant on en vint à bout.

CHAPITRE DEUXIÈME

« Oh ! le bel enfant ! s'écria-t-on. Il me semble pourtant qu'il boite. Mais c'est une grâce de plus. Oh ! le bel enfant ! »

Voici à peu près ce que c'était que cette constitution. Il y avait une Chambre des Députés, un Sénat et un Président do la République . . . Quoi? tout cela dans la Lune? Tout cela dans la Lune : croyez-vous qu'on y soit plus fin que chez nous?

La Chambre faisait les lois, le Sénat les approuvait, et le Président disait: Amen.

Mais il arrivait quelquefois que le Sénat n'était pas d'accord ou que le Président ne pouvait se résoudre à jouer un rôle d'une simplicité si primitive. Alors commençait ce petit dialogue à trois, plus ou moins animé.

La Chambre: Je veux, moi.

Le Sénat: Je ne veux pas, moi.

Le Président: Voyons, mes enfants, arrangez-vous.

La Chambre : Tais-toi, vieux, tu es ir-responsable et tu n'as rien à voir dans nos débats. Allons, Sénat, veux-tu ?

Le Sénat : Non.

La Chambre : Si.

Le Sénat : Non.

La Chambre : Tu ne veux pas ? Une fois ? deux fois ? trois fois ?

Le Sénat : Non, non, non . . . . .

La Chambre : Alors, je refuse le budget.

Et des cris, et des insultes, qui nous effraieraient, nous vulgaires habitants de la Terre. Car nos halles nous donnent une faible idée de ce qui se passait là-haut.

Mais rien n'approche de ce que l'on vit lorsque le Président et le Sénat s'enten-dirent pour dissoudre cette pauvre Chambre un beau matin. A eux deux, ils se chargèrent du gouvernement. Or, le Sénat avait été élu par les gros bonnets du pays, et le Président, on ne sait trop par qui. Dès lors donc que la Chambre, qui seule représentait le pauvre peuple dans cette constitution faite sans lui, était dissoute, les malheureux Lunois étaient livrés à des gens dont ils se seraient bien passés et qu'ils n'avaient nullement priés de faire cette besogne.

Enfin, vous vous demandez sans doute ce que devinrent ces pauvres gens. Hélas ! ils laissèrent faire. C'est un peuple qui autrefois a été très-guerrier, mais qui, tout à coup, est devenu merveilleusement pacifique.

Au dernier voyage que j'ai fait là-haut dans le canon de M. Jules Verne, j'ai trouvé tout dans le plus grand calme et je n'ai pas été peu surpris de voir que depuis l'an 20875 avant J.-C., cette constitution, si sagement combinée, fonctionnait encore avec la plus grande régularité.

En effet, la Chambre et le Sénat étaient complétement d'accord et le bon Président m'apparut sommeillant sous le frais ombrage d'un hêtre comme Tityre.

Doucement ému à la vue d'une telle tranquillité, je recherchai comment ce pays avait enfin trouvé le calme et le repos, comment cette constitution, si merveilleusement agencée, avait pu surpasser de beaucoup en durée les Pyramides d'Egypte. Car il me semblait que dans certain pays que je connais, malgré toute la bonne volonté du monde, on ne pourrait pas la supporter longtemps.

CHAPITRE TROISIÈME

« Mon cher, » me dit-on, « tous abrutis, mais tous, tous, tous ! »

Et voici à peu près ce qu'on me raconta :

Après mille ans et *plus* de guerre déclarée, le Sénat et la Chambre se dirent qu'il fallait mettre un terme à leurs longs débats. C'est très-bien, n'est-ce pas? Mais le moyen? Eh bien, voici celui qu'on trouva.

Un personnage éminent par mille belles vertus et même par autre chose, s'offrit à porter remède au mal. Il s'appelait Jeferryre.

Depuis longtemps, certains prêtres d'un culte reconnu là-haut se vouaient à l'enseignement des jeunes citoyens de la Lune, et l'Etat, de son côté, avait ce que nous appellerions, ici-bas, son Université. Or, je ne sais comment, les jeunes élèves des prêtres ne manifestaient pas pour les institutions de leur pays — que pouvaient-ils cependant y trouver à redire ? — le même enthousiasme que les élèves de l'Etat. Au surplus, je ne considère pas comme invraisemblable que ces bons Pères, ne brûlant pas précisément d'ardeur pour une constitution si bien faite, n'en inspirassent que médiocrement le goût à leurs élèves.

Bref, M. Jeferryre porta une loi disant que ces prêtres-professeurs n'étaient pas reconnus par l'Etat, — car ils portaient, en effet, des costumes et des noms particuliers — et que, par conséquent, défense leur était faite d'enseigner et même de séjourner sur tout le territoire de la République.

On ferma les colléges. Mais on s'aperçut

que les élèves, au lieu d'aller manger la soupe de l'Etat, fréquentaient des maisons laïques, où la constitution n'était pas mieux respectée, ni M. Jeferryre pris plus au sérieux.

Que faire ? Comment obvier à cet incon-vénient imprévu ? On fouilla les archives et l'on trouva qu'avant certain déluge ar-rivé dans ce pays-là, l'Etat seul avait le droit d'enseigner. En conséquence, M. Jeferryre défendit à quiconque de le faire, à moins d'avoir son autorisation ou celle de ses successeurs.

Qu'arriva-t-il ? Il arriva que les habi-tants de la Lune prirent un développement intellectuel exagéré. On put les abreuver librement aux plus pures sources de la littérature et de la philosophie. Il s'établit même entre la Terre et eux des correspon-dances suivies, grâce auxquelles ils se firent successivement parvenir les œuvres de Confucius, le Zend-Avesta et le Koran, les moralités de Lucien, les œuvres choisies de Longus et d'Ovide, et enfin, dans ces derniers temps, l'*Essai sur les Mœurs* et l'*Encyclopédie*, les polissonneries de Jean-Jacques, les œuvres complètes de nos dix-huit cents romanciers, les Visions de M. Littré, et la *Vie de Jésus* par M. Renan. Tant de lumières les éblouirent. Leur pauvre cerveau n'était pas capable de supporter de si belles choses, et leur intelligence s'endormit d'un sommeil éternel. Mais c'est le moyen le plus sûr qu'on ait trouvé pour les mettre d'accord.

Paris. — Typ. F. DEBONS et Ci⁰, 16, rue du Croissant.